BEI GRIN MACHT SICH IHR WISSEN BEZAHLT

- Wir veröffentlichen Ihre Hausarbeit,
  Bachelor- und Masterarbeit

- Ihr eigenes eBook und Buch -
  weltweit in allen wichtigen Shops

- Verdienen Sie an jedem Verkauf

Jetzt bei www.GRIN.com hochladen
und kostenlos publizieren

Bedeutung der Fachsprache in der Alltagskommunikation

Bibliografische Information der Deutschen Nationalbibliothek:

Die Deutsche Nationalbibliothek verzeichnet diese Publikation in der Deutschen Nationalbibliografie; detaillierte bibliografische Daten sind im Internet über http://dnb.d-nb.de abrufbar.

ISBN: 9783346575005
Dieses Buch ist auch als E-Book erhältlich.

Druck und Bindung: Books on Demand GmbH, Norderstedt Germany
Gedruckt auf säurefreiem Papier aus verantwortungsvollen Quellen

Das vorliegende Werk wurde sorgfältig erarbeitet. Dennoch übernehmen Autoren und Verlag für die Richtigkeit von Angaben, Hinweisen, Links und Ratschlägen sowie eventuelle Druckfehler keine Haftung.

Das Buch bei GRIN: https://www.grin.com/document/1165860

BEDEUTUNG DER FACHSPRACHE IN DER ALLTAGSKOMMUNIKATION

Institut für Sprach- und Kommunikationswissenschaft der RWTH Aachen
Seminar: Sprach- und Kommunikationswissenschaft (Fachkommunikationswissenschaft)

Aachen, den 20.08.21

Inhaltsverzeichnis

1. Einleitung

Kommunikation ist ein wichtiger Bestandteil unseres Lebens. Jeder Mensch hat seine eigene Sprache und je nach Situation, z. B. im Gespräch mit Freunden, Arbeitskollegen oder per E-Mail, wenden Sprecher verschiedene sprachliche Register an. Dies kann bewusst und unbewusst passieren. In der Alltagskommunikation sind wir oft mit Fachsprachen konfrontiert und wir bemerken oft nicht, wie weit sie ins Alltagsleben eindringen und wie bestimmte Fachwörter sogar in den Wortschatz integriert werden. Sie spielen sowohl im Berufsleben als auch im Alltag eine wichtige Rolle. Die Fachsprache begegnet uns beispielsweise beim Zahnarztbesuch, in Gebrauchsanleitungen oder in der Politik. Auch in der Schule muss die Sprache des Fachunterrichts bewältigt werden. Der Einfluss der Fachsprachen auf die Allgemeinsprache ist von besonderer Wichtigkeit. Gegenwärtig wird die Allgemeinsprache besonders von der Fachsprache der Technik und Wissenschaft beeinflusst, da diese den Alltag der Bevölkerung enorm bestimmen. Einige Beispiele aus der Technik sind Fachwörter wie W-LAN, Bluetooth und GPS. Die deutsche Sprache enthält ca. fünf bis zehn Millionen Fachwörter.[1] Allein die Fachsprache der Medizin besteht aus etwa 170.000 Fachwörtern.[2] Mit zunehmender Technisierung und Globalisierung gewinnt die Fachsprache immer mehr an Bedeutung, woraus Verständigungsprobleme im Alltag resultieren können. Fachwörter dringen besonders über Massenkommunikationsmittel wie Fernsehen in den Alltag der Bevölkerung ein, die dann leicht übernommen werden können.

Auf der einen Seite erweitert sich der Wortschatz der Bevölkerung und gleichzeitig eignen sich die Menschen Kenntnisse in verschiedenen Fachgebieten an. Auf der anderen Seite besteht die Gefahr, dass eine falsche Anwendung der Fachwörter zu Kommunikationsproblemen führen kann, da Menschen die Bedeutung der meisten Fachbegriffe nicht kennen. Im Folgenden werden Zitate angeführt, die zeigen, dass der Stellenwert der Fachsprachen in der mündlichen Kommunikation sinkt und von geringer Bedeutung sind: „Fachsprache wird bei uns eher nicht gebraucht. Man kann es anders ausdrücken", „Man braucht keine Fachsprache", „An der fehlenden Fachsprache scheitert nichts", „Was nutzt es, wenn man den Fachbegriff kennt, aber den Kontext nicht versteht?", „Was nutzen die Fachwörter, wenn man sie nicht einsetzen kann?".[3]

Im Verlauf dieser Arbeit wird gezeigt, dass die oben angeführten Zitate nicht wahr sind, indem die Wichtigkeit der Fachsprache herausgearbeitet wird. Dafür wird in der vorliegenden Arbeit als Ziel gesetzt, die Frage zu beantworten, worin die Bedeutung der Fachsprache in der Alltagskommunikation besteht. Im Folgenden wird neben der Bedeutung der Fachsprache in der Alltagskommunikation zudem der Einfluss der Fachsprachen auf die Allgemeinsprache thematisiert. Im Rahmen der Fachsprachenforschung werden in dieser Arbeit die Begriffe „Fachsprache" und „Allgemeinsprache" untersucht und die Unterschiede zwischen beiden Sprachsystemen näher beleuchtet. Daran knüpft die Untersuchung der Folgen von Fachsprache für die Experten-Laien Kommunikation an. Um die Auswirkungen der Fachsprache auf die

---

[1] Vgl. Römer / Matzke (2010), S. 1
[2] Vgl. Website der Lecturio (2018), https://www.lecturio.de/magazin/medizinische-terminologie/, < 08.07.21 >
[3] Vgl. Grünhage-Monetti (2010), S. 55

Kommunikation näher zu beleuchten, wird die Fachsprache der Medizin analysiert. Das zentrale Thema dieser Arbeit ist hiermit die Bedeutung und Rolle der Fachsprache in der Alltagskommunikation sowie das Verhältnis zwischen der Fach- und Allgemeinsprache. Eine wichtige Grundlage für diese Untersuchung stellen die Arbeiten von Adamzik (2018), Fluck (1996), Hoffmann (1998) und Roelcke (2020) dar.

2. Fachsprache und Allgemeinsprache

2.1 Begriffe

Der Begriff der Fachsprache setzt sich aus zwei Komponenten zusammen, nämlich „Fach" und „Sprache". In erster Linie muss man diese definieren, um über Fachsprache sprechen zu können, denn das Verständnis der Fachsprache ist davon abhängig, was jeweils unter „Fach" und „Sprache" zu verstehen ist.[4] Ein Fach kann handlungsbezogen, referentiell, soziologisch, linguistisch oder semiotisch bestimmt werden. Unter der handlungsbezogenen Bestimmung eines Faches ist ein Fach als ein spezialisierter menschlicher Tätigkeitsbereich zu verstehen, referentiell bestimmt man ein Fach anhand des betreffenden Gegenstandsbereichs, soziologisch wird ein Fach anhand einer Gruppe von Personen bestimmt und unter der linguistischen bzw. semiotischen Bestimmung versteht man die Bestimmung eines Faches anhand des Gebrauchs sprachlicher bzw. nichtsprachlicher Zeichen im Rahmen eines bestimmten menschlichen Tätigkeitsbereichs.[5] Bei „Sprache" handelt es sich um alle sprachlichen Mittel.

Der Begriff der Fachsprache ist nicht exakt definiert uns sehr vielfältig und umfangreich. Eine mögliche Definition von „Fachsprachen" lautet nach Hoffmann: „Fachsprache - das ist die Gesamtheit aller sprachlichen Mittel, die in einem fachlich begrenzbaren Kommunikationsbereich verwendet werden, um die Verständigung zwischen den in diesem Bereich tätigen Menschen zu gewährleisten."[6] Aus dieser Definition geht zugleich ein funktionaler Bezugspunkt hervor. Zusätzlich formuliert Hoffmann: „Echte Fachsprache ist immer an den Fachmann gebunden, weil sie volle Klarheit über Begriffe und Aussagen verlangt. Vom Nichtfachmann gebraucht, verliert die Fachsprache ihre unmittelbare Bindung an das fachliche Denken."[7]

Um die Fachsprache näher zu beleuchten, werden im Folgenden die drei verschiedenen Fachsprachenkonzeptionen nach Roelckes Modell fachsprachlicher Kommunikation angeführt. Als erste Konzeption ist das systemlinguistische Kommunikationsmodell anzuführen, welches Fachsprache als ein sprachliches Zeichensystem betrachtet, das „im Rahmen fachlicher Kommunikation Verwendung findet"[8], um die Verständigung zwischen den in diesem Bereich tätigen Menschen zu ermöglichen. Als zweite Konzeption ist das pragmalinguistische Kontextmodell zu nennen, welches das Augenmerk auf den Fachtext lenkt und die Fachsprache

---

[4] Vgl. Roelcke, (2020), S. 12
[5] Vgl. ebd., S. 14.
[6] Hoffmann (1976), S.170
[7] Vgl. ebd., S. 32
[8] Roelcke (2020), S. 13

als Äußerung von Texten im Rahmen einer fachsprachlichen Kommunikation betrachtet. Die dritte Konzeption nennt sich kognitionslinguistisches Funktionsmodell und ist an den „intellektuellen und emotionalen Voraussetzungen von Produzent und Rezipient bei dem Gebrauch fachsprachlicher Zeichen in fachsprachlichen Texten"[9] orientiert. Des Weiteren werden Fachsprachen nach der varietätenlinguistischen Konzeption auch als Varietäten einer Einzelsprache verstanden, die sich durch innersprachliche und außersprachliche Merkmale von anderen Varietäten abgrenzen. Eine Sprachvarietät bezeichnet ein sprachliches System, das einer Einzelsprache untergeordnet ist.[10] Hierbei werden Fachsprachen besonders als funktionale Varietäten betrachtet.

Nach Prof. Dr. Efings „Spannungsfeld berufsrelevanter Register" wird die Fachsprache der Dimension der Schriftlichkeit zugeordnet und ist u.a. gekennzeichnet durch Kontextunabhängigkeit und hohe Komplexität.[11] Charakteristisch für Fachsprachen sind auch nach allgemeiner Beobachtung die Fachwörter, denn „sie tragen die Aussage und konstituieren eigentlich die Fachsprachen. Gegenüber den Wörtern der Gemeinsprache zeichnen sich die Fachwörter dadurch aus, dass sie präziser und kontextautonomer sind."[12] Der Gebrauch einer Fachsprache bezweckt eine eindeutige und zügige Informationsvermittlung im jeweiligen Fachbereich. Außerdem kommen die allermeisten Fachbegriffe aus dem Englischen.

Im Gegensatz zur Fachsprache ist die Forschung zur Alltagssprache nicht weit entwickelt. Jedoch ist auch der Begriff der Allgemeinsprache sehr vielfältig und nicht fest definiert. Betrachtet man die Alltagskommunikation, fällt auf, dass überwiegend neutralsprachliche Wörter verwendet werden. Ein Beispiel hierfür ist die Verwendung des Wortes „Hund" statt „Köter". In dieser Weise werden negative oder positive Bewertungen vermieden. Die Alltagssprache wird allgemein als „alltäglicher Bereich der Standardsprache"[13] gefasst. Unter Allgemeinsprache versteht man also die umfassende Sprache, welche sich auf die allgemeinen, alltäglichen und eher informellen Bereiche der Welt und Zwecke bezieht.
Hoffmann definiert die Allgemeinsprache als ein „Instrumentarium an sprachlichen Mitteln, über das alle Angehörigen einer Sprachgemeinschaft verfügen und das deshalb die sprachliche Verständigung zwischen ihnen möglich macht."[14] Die grundlegenden Sprachkompetenzen, die für die Kommunikation in der Allgemeinsprache nötig sind, werden im Laufe des natürlichen Spracherwerbs von jedem Menschen erworben. Daher ist die Verständigung in der Alltagssprache unter normalen Umständen unproblematisch. Oft verwendet man die Allgemeinsprache als Synonym u.a. für „Alltagssprache" und auch „Umgangssprache". Herr Prof. Dr. Efing ordnet Allgemeinsprache anhand seines „Spannungsfelds berufsrelevanter Register" der Dimension der Mündlichkeit zu und ist im Kontrast zur Fachsprache durch Kontextabhängigkeit und geringe Komplexität geprägt.[15] Der Unterschied zwischen der Alltagssprache und Standardsprache besteht darin, dass die Standardsprache konkreter

---

[9] Ebd.
[10] Vgl. Adamzik (2018), S. 37 ff.
[11] Vgl. Efing (2014), S. 420
[12] Fluck (1996), S. 47
[13] Glück/Rödel (2016): Metzler Lexikon Sprache.
[14] Hoffmann (1976), S. 162
[15] Vgl. Efing (2014), S. 420

formuliert und stärker normiert ist, insbesondere in der Schrift. Des Weiteren ist die Satzlänge der Alltagssprache kürzer und der Wortschatz ist nicht breit gefächert. Varietäten der Alltagssprache werden durch soziale oder regionale Besonderheiten gebildet.

2.2 Das Verhältnis von Fachsprache und Allgemeinsprache

Das Verhältnis der Fachsprachen zur Allgemeinsprache ist ein wichtiger Gegenstand der Fachsprachenforschung. Die Fachsprachenforschung strebt in den 1960er und 1970er Jahren eine Gegenüberstellung der Fach- und Allgemeinsprache an und setzt sich besonders mit der Frage auseinander, was fachsprachliche Varietäten von nichtsprachlichen Varietäten sprachlich unterscheidet. Das Ziel der Fachsprachenforschung einer genauen Abgrenzung von der Fachsprache zur Allgemeinsprache ist allerdings nicht gelungen. Vielmehr steht in der jüngeren Forschung die Abgrenzung zur Berufs- und Bildungssprache im Vordergrund.[16] Heute wird in die Diskussion über Fachsprache und Allgemeinsprache also nicht mehr kontrastierend eingegriffen. Im Rahmen der jungen Fachsprachforschung steht die Fachsprache in einem bestimmten Verhältnis zur Allgemeinsprache und es scheint ein Zusammenhang zwischen beiden Sprachsystemen zu bestehen. Beide Sprachsysteme stehen in wechselseitiger Beziehung zueinander. Grundsätzlich liefert Allgemeinsprache eine lexikalische Grundlage für jede Fachsprache.

„Eine Fachsprache ergänzt die Allgemeinsprache durch zusätzliche Begriffe und ihre Benennungen. [...] In weiterem Sinne aber schließt die Fachsprache auch die allgemeinsprachlichen Ausdrucksmittel mit ein, die bei der fachsprachlichen Verständigung notwendig sind."[17]

Die Bedeutung der Allgemeinsprache für Fachsprachen besteht also darin, dass Fachsprachen alltagssprachliche Elemente enthalten und sich durch Erweiterung und Differenzierung aus der Allgemeinsprache entfalten. Auch Allgemeinsprachen enthalten immer wieder Begriffe und Äußerungen aus den Fachsprachen.[18] Diese Beobachtung wird im Folgenden am Beispiel des Begriffes „Kraft" verdeutlicht.

Das Wort Kraft kann sowohl in der physikalischen Fachsprache als auch in der Alltagssprache verwendet werden. In der Fachsprache bezieht sich „Kraft" meistens auf die Beziehung zwischen zwei Objekten. In diesem Kontext wird oft die Wendung „Kraft ausüben auf" verwendet. Bei der Beobachtung eines Gummiballs, der nach oben springt, nachdem er auf den Boden fällt, könnte eine fachsprachliche Formulierung zur Beschreibung dieser Beobachtung lauten: „Der Boden übt eine Kraft auf den Ball nach oben aus."[19] Im alltäglichen Kontext hingegen bezieht sich „Kraft" vielmehr auf ein einziges Objekt wie z. B. die Sehkraft des

---

[16] Vgl. Roelcke (2020), S. 18

[17] Langensiepen (1997) zit. nach Wüster, S. 8

[18] Die beschriebene Wechselseitigkeit wird z. B. in Efings Spannungsfeld berufsrelevanter Register deutlich, worauf das graue Dreieck mit fließenden Übergängen andeuten soll, vgl. hierfür Efing (2014), S. 420

[19] Vgl. Manuskript von Rinke (o. J.), S. 4,
file:///C:/Users/didem/OneDrive/Desktop/Seminar%20SPK%20Fachkommunikationsforschung%20W S21/Alltags%20und%20Fachsprache%20im%20Physikunterricht.pdf, < 05.07.21 >

Auges. Oft ist nur aus dem Kontext erkennbar, ob es sich bei einem sprachlichen Element um Fach- oder Allgemeinsprache handelt.

Auch Funk argumentiert, dass beispielsweise die berufsinterne Kommunikation zum größten Teil alltagssprachliche Elemente aufweist und nur ein kleiner Teil der sprachlichen Handlungen berufs- oder berufssprachenspezifisch sind.[20] Daher lässt sich die kommunikative Kompetenz des Sprechers nicht in einen privaten und einen beruflichen Teil spalten.

In Folge der Massenmedien dringen bestimmte Fachwörter rasch in den alltäglichen Sprachgebrauch ein und Fachsprachen beeinflussen auf diese Weise stark die allgemeinsprachliche Lexik und Syntax. Insbesondere das Vokabular aus den Bereichen Sport, Medizin, Mode, Politik, Wirtschaft, Institutionen und Technik lassen sich rasch in alltäglichen Wortschatz integrieren, da diese die Interessen der meisten Menschen betreffen und demzufolge auf den Startseiten der Medien erscheinen. Fluck fasst den Einfluss der Fachsprache auf die allgemeinsprachliche Syntax wie folgt zusammen: „Im syntaktischen Bereich wäre in erster Linie der Zug zur Präzisierung, Informationsverdichtung und Ausdrucksökonomie zu nennen, der sich in der Anwendung [...] Mittel wie Funktionsverben, präpositionale Fügungen, Augenblickskomposita und den damit realisierten Satzverkürzungen zeigt."[21]

3. Geschichte der deutschen Fachsprache

Um die Bedeutung der Fachsprache in der Gegenwart verstehen, muss zuerst einmal die Geschichte der deutschen Fachsprache aufgegriffen werden. Die Anfänge der deutschen Fachsprache liegen im Frühmittelalter. An dieser Stelle ist wichtig zu erwähnen, dass man nicht von der „einen" Entstehung und Entwicklung von Fachsprache sprechen kann, da es nicht „die eine" Fachsprache gibt.[22] Daher gibt es keine exakte Periodisierung der Fachsprachengeschichte. Im Folgenden wird die Fachsprachengeschichte grob in die drei Zeitabschnitte Mittelalter, Frühneuzeit und Neuzeit unterteilt.

Der erste Zeitabschnitt erstreckt sich etwa vom 8. Jahrhundert bis zur Mitte des 14. Jahrhunderts und charakterisiert sich durch landläufige Handwerkssprachen. Die Fachsprache als Kommunikationsmittel ist schon damals durch die Arbeitsteilung entstanden.[23] Damit gehört die Sprache der Landwirtschaft und der Fischerei zu den ersten Fachsprachen. Allerdings sind die deutschen Fachsprachen erst seit der Frühneuzeit mithilfe von damaliger Literatur belegbar. Daher ist es vermutlich angebrachter die Sprache des Bauers und des Fischers im Mittelalter als Gruppensprache zu bezeichnen.

Die Frühneuzeit lässt sich ungefähr vom 14. Jahrhundert bis zum Ende des 17. Jahrhunderts einordnen. In diesem Zeitabschnitt waren die ersten Versuche einer Entstehung nationalsprachlicher Wissenschaftssprachen, die jedoch scheiterten. Nichtsdestotrotz wächst in dieser Periode die Anzahl der Textproduzenten und -rezipienten. Zudem lassen sich

---

[20] Vgl. Funk (2010), S. 1145
[21] Vgl. Fluck (1996), 167 f.
[22] Vgl. Sander (2020), Sitzung 3, Folie 5
[23] Vgl. Roelcke (2020), S. 225

Entwicklungen der Fachliteratur beobachten: „Bis zum Ende der frühen Neuzeit entwickeln sich beschreibende Naturwissenschaften wie Chemie, Biologie oder Physik zu selbstständigen Lehrfächern mit einem entsprechenden Fachschrifttum."[24]

Die Neuzeit ist geprägt von starken Erneuerungen, Beeinflussungen und Entwicklungen.[25] Die Veränderungen in der Bildung haben unter anderem einen großen Einfluss auf die entwicklung von Fachsprachen. Die allgemeine Schulpflicht wurde eingeführt und damit wurden zahlreiche Universitäten und technische Hochschulen gegründet. In Folge der Aufklärung konnte in der letzten Periode im deutschsprachigen Raum die Entstehung und Entwicklung der Wissenschaftssprachen realisiert werden. Zudem unterliegen die Fachsprachen durch die industrielle Revolution einem auffallenden Wandel. Während beispielsweise Fischer im Mittelalter ihre Arbeitsausrüstungen selbst handwerklich herstellen mussten, werden diese nun in der Industrie produziert. Die Folge des Untergehens dieser Tätigkeit für die Fachsprache ist, dass sich die Sprache der neuen Tätigkeit anpassen muss und die alte Fachsprache gleichzeitig ausstirbt. „Neben einem Schwinden alter bringt die industrielle Revolution dann insbesondere das Entstehen zahlreicher neuer handwerklicher und technischer Fachbereiche mit sich. Im Zuge dieser Entwicklung entsteht eine Vielzahl neuer Fachsprachen, nicht allein innerhalb dieser neuartigen Bereiche selbst, sondern darüber hinaus auch auf den inner- und zwischenbetrieblichen Kommunikationswegen oder zwischen Handel und Gewerbe."[26] Roelcke fügt hinzu: „Im Zuge der steigenden sozialen Mobilität, des ansteigenden Bildungsgrades und Bildungsinteresses der Gesamtbevölkerung sowie der wachsenden Informationsdichte durch Presse und andere Medien ist des Weiteren vor allem in der jüngeren deutschen Sprachgeschichte eine tendenzielle Verfachsprachlichung und Technisierung der allgemeinen Standardsprache zu beobachten, die sich vor allem in einer mehr oder weniger stark simplifizierenden Übernahme fachspezifischer Ausdrücke und Bedeutung äußert."[27]

4. Fachsprache im Alltag

4.1 Experten vs. Laien

Als Experten bezeichnet man eine Personengruppe, die in einem bestimmten Fach- oder Sachbereich spezialisiert ist und alle anderen Personen, die in diesem Bereich nicht spezialisiert sind, bezeichnet man als Laien. Um in einem Fach Experte oder Expertin zu sein ist Auseinandersetzen mit fachspezifischer Terminologie, Diskursregeln sowie fachspezifischen Textsorten Voraussetzung. Allgemein lassen sich Experten durch ihre Normierung, Kodifizierung und Anwendungsorientierung klassifizieren und unterscheiden sich von Laien bezüglich der Quantität, Konsistenz und Stabilität.[28] Dabei bezieht sich Quantität auf den Umfang des Wissens, Konsistenz auf den Aufbau des Wissens und Stabilität auf die Korrektheit

---

[24] Roelcke (2020), S. 233
[25] Vgl. Sander (2020), Sitzung 3, Folie 7
[26] Vgl. Roelcke (2020), S. 239
[27] Ebd.
[28] Vgl. Busch (1994), S.20, S.26

der Informationen. Der Experte hat die Aufgabe sein eigenes Fachwissen so verständlich wie möglich zu vermitteln und sollte im Idealfall den Wissenshintergrund seines Gesprächspartners abschätzen können und das Niveau seiner Fachsprache auf das Niveau seines Gesprächspartners anpassen, um Missverständnisse zu vermeiden und eine erfolgreiche Kommunikation führen zu können. Hinzuzufügen ist die folgende Formulierung von Thierbach: „Fachwissen muss als unverfälschte Information weitergegeben werden, der wissenschaftlich erreichbaren Wahrheit entsprechen, also das Kriterium der Seriosität beinhalten. Vereinfachungen bei Wahrung der Seriosität sind zulässig. Die Vermittlung von Fachwissen bedeutet nicht, aus Laien Fachleute zu machen; als Aufgabe stellt sich die Erklärung, die Verdeutlichung der Zusammenhänge."[29]

Roelcke unterscheidet fünf verschiedene fachliche Kommunikationsformen.[30] Die erste Art der Kommunikation ist die der Experten eines Fachbereiches. Hierfür gibt Roelcke als Beispiel die Kommunikation zwischen Meteorologen des Deutschen Wetterdienstes. Die zweite fachliche Kommunikation bezieht sich auf die Kommunikation unter Experten, die in unterschiedlichen Bereichen eines Faches spezialisiert sind. Dazu gehört beispielsweise der Informationstransfer zwischen dem Deutschen Wetterdienst in Offenbach und verschiedenen Wetterstationen des Staates. Die nächste Form ist die Kommunikation zwischen Experten komplett verschiedener Fächer. Hierfür gibt Roelcke das Beispiel der Kommunikation zwischen Meteorologen des Wetterdienstes und Messtechnikern. Nach Roelcke ist der Informationsaustausch zwischen Laien in einem Sachgebiet auch als fachliche Kommunikation anzusehen wie z. B. das „Gespräch in einem Lehrerkollegium über die Wetteraussichten für ein geplantes Skilandheim." Die letzte von Roelcke beschriebene fachliche Kommunikationsform ist di e „Kommunikation zwischen Experten eines Faches und Laien im entsprechenden Sachbereich (Schneeprognose eines Experten des Deutschen Wetterdienstes anlässlich der Planungen für ein Skilandheim).

Im Folgenden soll die Kommunikation zwischen Experten und Laien näher betrachtet werden. Oft ist die Verständigung zwischen Experten und Laien eines bestimmten Fachbereiches schwierig. Die möglichen Kommunikationsprobleme zwischen Experten und Laien werden im Folgenden anhand der medizinischen Fachsprache genauer untersucht. Die Darstellung der Fachsprache aus dem medizinischen Fachbereich wurde absichtlich ausgewählt, da nahezu die ganze Bevölkerung sicherlich die Erfahrung der Patientenrolle machen musste bzw. irgendwann mal in seinem Leben machen muss.

4.2 Fachsprache der Medizin

Zunächst wird die Fachsprache der Medizin vorgestellt, um die Folgen der medizinischen Fachsprache für die Kommunikation zwischen medizinischen Fachleuten und Laien besser verstehen zu können.
Die Medizin beschäftigt sich grundsätzlich mit körperlichen und seelischen Erkrankungen. Der Wortschatz der Medizin umfasst hiermit etwa 170.000 Fachbegriffe. „Dazu zählen 80.000

---

[29] Thierbach (1988), S. 174
[30] Vgl. hierfür und im Folgenden Neuland / Schlobinski (2017), S. 466

Namen für Medikamente, 10.000 Namen zur Bezeichnung von Organ- und Körperteilen, 20.000 für Organfunktionen und ca. 60.000 Namen für Krankheitsbezeichnungen.“[31] Die Grundlage der medizinischen Fachsprache bildet überwiegend die lateinische und griechische Sprache, als Folge historischer Prozesse. Laut Fachleuten umfasst allein der Wortschatz eines Medizinstudierenden ca. 6000 bis 8000 Fachausdrücke.[32]

Auch die Fachsprache der Medizin bezweckt eine gradlinige und schnelle Informationsvermittlung und wird hauptsächlich von z. B. Ärzten, Apothekern und Mitarbeitern der pharmazeutischen Industrie verwendet. Die medizinische Fachsprache zielt besonders auf eine effiziente fachsprachliche Kommunikation zwischen den Experten bzw. Verständigung von Medizinern, Übermittlung von Befunden und Dokumentation ab. Die Fachsprache der Medizin hat unter anderem den Vorteil, verflochtene Sachverhalte kurz auf den Punkt zu bringen und auf diese Weise Missverständnisse unter Medizinern zu vermeiden. Das Verständigungsproblem lässt sich aber auch unter Medizinern beobachten, da der Fachbereich der Medizin sehr umfangreich ist und sich in mehrere Fächer unterteilt, wie z.B. die Urologie, Chirurgie oder Ophthalmologie.[33] Beispielsweise würde ein Augenarzt die Bezeichnungen „ESWL“ oder „TURP“ vermutlich nicht verstehen. Noch größere Schwierigkeiten lassen sich jedoch meistens im Arzt-Patienten Gespräch beobachten, wenn beispielsweise Ärzte versuchen die Verwendung von Fachwörtern zu vermeiden, um Transparenz in der Kommunikation zu schaffen und nicht aneinander vorbeizureden. Dies fällt den Fachleuten der Medizin jedoch meistens schwer, da sie für einen konkrete Erklärung auf die Verwendung von bestimmten Fachwörtern angewiesen sind. Daher scheitert oft der Versuch der Wiedergabe des Inhalts eines medizinischen Textes in verständlicher Alltagssprache.

Das folgende Beispiel soll die Vorteile des Gebrauchs der medizinischen Fachsprache zusammenfassen: „Abhängig von seiner Lokalisation und Ausdehnung kann ein Infarkt unterschiedliche Komplikationen nach sich ziehen. Zu nennen sind: Septumdefekt, Perikarditis, bradykarde und tachykarde Arrhythmien sowie Extrasystolen.“[34]
Eine mögliche Übersetzung könnte lauten: Der Untergang des Gewebes kann unterschiedliche Schwierigkeiten nach sich ziehen, in Abhängigkeit von seiner Lage und Ausdehnung. Zu nennen sind: Schädigung der Herzscheidewand zwischen den Vorhöfen oder zwischen den Herzkammern, Entzündung des Herzbeutels, besonders langsamer und unrhythmischer Herzschlag, besonders schneller und unrhythmischer Herzschlag sowie zusätzlicher Herzschlag.
Das oben gegebene Beispiel wurde in medizinischer Fachsprache verfasst. Wenn man den ersten Text in medizinischer Fachsprache mit der Übersetzung in verständlicher Alltagssprache vergleicht, fällt sofort auf, dass die Übersetzung viel länger ist als der Ausgangstext.

---

[31] Vgl. Website der Lecturio (2018), https://www.lecturio.de/magazin/medizinische-terminologie/, < 08.07.21 >
[32] Vgl. ebd.
[33] Vgl. Busch (1994), S. 50
[34]Aufgabenstellung aus einem medizinischen Buch (o. J.), https://www.handwerk-technik.de/_files_media/probeseiten/1080_01.pdf, < 03.08.21 >

Busch betont die wichtige Rolle der medizinischen Fachsprache wie folgt: „Erst durch die Fachsprachen werden medizinische Expertensysteme konstituiert und das Fachwissen transportierbar. Die medizinischen Fachsprachen sind also konstitutiver Bestandteil des Fachwissens und gleichzeitig auch Vehikel der Vermittlung und Kommunikationsgrundlage."[35]

4.3 Medizinische Experten-Laien Kommunikation

Eine Herausforderung von vielen des Mediziners ist, die Adressierung unterschiedlicher Gruppen. Täglich sind sie beispielsweise sowohl mit Kollegen als auch mit Patienten in Kontakt und müssen dementsprechend in ihrem Sprachgebrauch flexibel sein. Die medizinische Experten-Laien Kommunikation charakterisiert sich durch zahlreiche Vorwürfe und Kritik.[36] Dass der Gebrauch von medizinischer Fachsprache eine Distanzierung zum Patienten und Selbstzweifel sowie Unsicherheit des Patienten auslöse, sind nicht selten ein Vorwurf. Zudem behaupten Kritiker, dass Mediziner Sachverhalte gewollt kompliziert erklären, damit sie ein beachtenswertes Bild erzeugen.

Diesen Vorwürfen muss allerdings teilweise zugestimmt werden. Es ist nun mal nicht einfach komplexe Zusammenhänge im medizinischen Fachbereich in verständlicher Alltagssprache wiederzugeben, sodass sie von nahezu allen Menschen verstanden werden. Dies ist allerdings nicht nur ein Problem für Übersetzungen der medizinischen Texte. Auch bei Übersetzungen aus Fremdsprachen besteht beispielsweise die Gefahr eines inhaltlichen Verlustes. Doch was genau macht eigentlich eine gute Übersetzung aus? Eine gute Übersetzung zeichnet sich nicht durch die Definition der medizinischen Fachbegriffe aus, wenn der Inhalt dadurch immer noch schwer zu verstehen ist. Viel wichtiger ist, dass der Ausgangstext so transferiert wird, dass sie von seinen Adressaten verstanden wird. Mit anderen Worten, die medizinische Fachperson sollte Diagnosen und Befunde dem Patienten so vermitteln, dass diese ohne Fachwissen mühelos verstanden werden. Dazu muss die Sprache auch individuell dem Patienten angepasst werden. Die Verwendung von Bildern zur Veranschaulichung von komplexen Zusammenhängen kann beispielsweise sehr hilfreich sein.

Im Folgenden werden drei Kommunikationsformen angerissen, die unter anderem aus den oben angereihten Nachteilen der medizinischen Fachsprache resultieren, wie z.B. Unsicherheit, Angst sowie das Infragestellen des Niveaus der eigenen Bildung. Viele Patienten schaffen sich mithilfe verschiedener Kommunikationsformen schon im Vorfeld eines Gespräches mit der medizinischen Fachperson Informationen über das Fachwissen an, um das Nichtverstehen der Fachperson und das daraus resultierende Schamgefühl sowie einen Kommunikationskonflikt zu vermeiden.[37]

Zuerst ist die unmittelbare Patientenkommunikation zu nennen. Unter der Patientenkommunikation ist die Informationsvermittlung zwischen Laien zu verstehen. Mit

---

[35] Busch (1994), S.132
[36] Alle folgenden Kritikpunkte sind aus dem folgenden Essay von der Website gesund-vital.de entnommen worden: https://www.gesund-vital.de/aerztedeutsch, < 03.08.21 >
[37] Vgl. Albert Busch (1994), S. 97

anderen Worten, wenn beispielsweise der Patient mit seinen Nachbarn über seine Erkrankung spricht, die möglicherweise Erfahrung mit derselben Krankheit gemacht haben.[38] Darüber hinaus ist die massenmediale Kommunikation von enormer Wichtigkeit für die Informationsgewinnung des Patienten. Die Massenmedien ermöglichen medizinischen Laien den Zugriff auf das benötigte Wissen. Allerdings stellt Niehaus fest, dass diese Art der Informationsschaffung keine gute Grundlage für die Experten-Laien Kommunikation sei und erklärt dies mit den Worten: „Diese permanente Laienaufklärung über Massenmedien, fast ausschließlich von medizinisch nicht vorgebildeten Journalisten durchgeführt, hat dazu geführt, dass der Arzt häufig Patienten gegenübersteht, die halbrichtige bzw. halbverstandene Informationen über Krankheiten mit in die Sprechstunde bringen."[39] Laut Busch sei eine erfolgreiche massenmediale Medizinkommunikation von Produktions- und Rezeptionsvoraussetzungen abhängig.[40] Dabei beziehen sich Produktionsvoraussetzungen auf „die Qualität und Verständlichkeit des fachtranszendierenden oder fachexternen medizinischen Beitrags. Hier sind die materiellen Arbeitsvoraussetzungen der Autoren ebenso relevant wie ihr individueller Ausbildungs- und Wissenshorizont."[41] Die letzte Kommunikation gelingt über Informationsmedien in medizinischen Einrichtungen wie Krankenhäuser und Arztpraxen. Informationsmaterialien wie Zeitungsartikel oder Broschüren werden meistens in Wartezimmern der Arztpraxen den Patienten zur Verfügung gestellt. Auf diese drei Weisen kann der medizinische Laie sich schon im Vorfeld eines Arzt-Patient Gespräches mit den relevanten Informationen grob auseinandersetzen.

5. Lösung für soziale Herausforderungen

Fachsprachliche Texte sind sehr anspruchsvoll. Im Verlauf dieser Arbeit wurde gezeigt, dass der Verzicht auf den Gebrauch von Fachsprache nicht denkbar ist und wir der Fachsprache meistens nicht aus dem Weg gehen können.

Aufgrund des zunehmenden Einflusses der Fachsprache auf den Sprachgebrauch im Alltag, weist Roelcke auf die Wichtigkeit der Fachsprachen- und Fachkommunikationskompetenz in der Schule hin und betont, dass dies eine „wichtige Voraussetzung für eine erfolgreiche Teilnahme am öffentlichen Leben und damit als zentrales Ziel sprachlicher Förderung in der Schule anzusehen [sei].[42] Dabei widmet Roelcke die Aufmerksamkeit den folgenden vier Kompetenzbereichen: Strukturelle, pragmatische, kognitive und ethische Kompetenz. Die strukturelle Kompetenz bezieht sich auf die „formalen und funktionalen von Fachsprachen auf den Ebenen des Wortschatzes, der Grammatik und des Textes. Darüber hinaus soll die „pragmatische Kompetenz von formalen und funktionalen Charakteristika hinsichtlich der kommunikativen Situation und der dabei eingesetzten Medien angemessen Gebrauch […] machen." Die kognitive Kompetenz bedeutet, dass „formale und funktionale Charakteristika hinsichtlich der Darstellung von Gegenständen und Sachverhalten sowie in Bezug auf die

---

[38] Ebd.
[39] Niehaus (1989), S.1
[40] Vgl. Busch (1994), S. 99
[41] Ebd.
[42] Vgl. hierfür und für die folgende Beschreibung der vier Kompetenzen Neuland / Schlobinski (2017), S. 468

kommunikative Absicht gezielt [eingesetzt werden]." Unter ethischer Kompetenz ist ein „persönliches, kooperatives und sozial verantwortungsvolles fachkommunikatives Handeln" zu verstehen. Um diese Kompetenz in der Schule zu bewältigen, werden selbstverständlich diverse Hilfen und Unterstützungen seitens der Schule angeboten.

Auch in den weiterführenden Institutionen sollten angehende Experten eines Fachbereiches lernen, ihr Fachwissen unterschiedlichen Adressaten in maximaler Verständlichkeit zu vermitteln. So sollte ein kompetenter Experte in der Lage sein, seinen Sprachgebrauch der Kommunikation sowohl mit einem Laien in dem Fachbereich als auch mit dem kollegialen Gespräch anzupassen. Leider wird diese Fähigkeit im Studium bzw. in der Ausbildung nicht genügend ausgebildet. Die Förderung dieser Fähigkeit wäre sicherlich ein Ansatz zur Minimierung des Experten-Laien Kommunikationsproblems.

Es besteht jedoch im deutschsprachigen Raum das Angebot der sogenannten „Leichten Sprache" und „Einfachen Sprache", um nahezu allen Menschen die Teilhabe an Information und am öffentlichen Leben zu ermöglichen. Unter der Leichten Sprache ist ein Sprachkonzept zu verstehen, „dass die deutsche Sprache maximal vereinfacht, damit auch Menschen, die aufgrund einer Leseeinschränkung keinen Zugang zur Standardsprache haben, Texte lesen und verstehen können."[43] Die Einfache Sprache ein wenig komplexer als die Leichte Sprache. Daher gelten als Zielgruppe von Einfacher Sprache Menschen mit geringer Lesekompetenz, die aber nicht kognitiv eingeschränkt sind. Egal ob Zeitschriften, Flyer oder fachliche Texte – immer mehr Texte werden Lesern und Leserinnen in diesen vereinfachten Sprachen zur Verfügung gestellt.

Gemäß § 11 BGG sollen Träger öffentlicher Gewalt wie z. B. die Bundesregierung und Bundesgerichte „Informationen vermehrt in Leichter Sprache bereitstellen"[44]. Das bedeutet, dass z. B. auch Bescheide sowie rechtliche Verträge so zu erklären sind, dass sie von allen Menschen verstanden werden, damit die Informationen auch für Menschen mit geringen Lesefähigkeiten ohne fremde Hilfe nutzbar sind. Auch Erklärungen zu Medikamenten oder Verträgen werden in die Leichte Sprache übertragen. Somit ist die ursprüngliche Idee der Leichten Sprache Menschen mit einer Behinderung die Teilhabe an Information zu ermöglichen. Natürlich können aber auch Menschen ohne kognitive Einschränkung von diesem Ergänzungsangebot profitieren.

Da die Leichte Sprache ein recht junges Phänomen in Deutschland ist, wird sie noch nicht professionell genug umgesetzt indem beispielsweise die Zielgruppe differenziert wird. Außerdem besteht die Gefahr eines inhaltlichen Verlustes, welcher aus Kürzungen von komplexen Zusammenhängen resultieren kann.[45] Ohne eines inhaltlichen Verlustes von schwierigen Sachverhalten ist es jedoch häufig nicht möglich den Ausgangstext in die Leichte Sprache zu übertragen, sodass sie ohne Probleme von seiner Zielleserschaft verstanden wird. Trotzdem bleibt der Kontext erhalten. Die Leichte Sprache ermöglicht vielen Menschen den

---

[43] Pridik (2017): https://www.npridik.de/leichte-sprache/, < 14.08.21 >
[44] Website des DBSV (o. J.): https://www.dbsv.org/ii-gleichbehandlung-und-barrierefreiheit.html, < 14.08. 21 >
[45] Vgl. Website rinke.tv (o. J.): https://www.rinke.tv/leichte-sprache/kritik-an-der-leichten-sprache-7-missverstaendnisse/, < 14.08.21 >

Zugang zu Texten und gleichzeitig ein möglichst selbstbestimmtes Leben zu führen. Auch Bibliotheken richten immer mehr eigene Abteilungen dafür ein.

6. Fazit

„Fachliche Kommunikation bestimmt das Leben in Alltag und Beruf moderner menschlicher Gemeinschaften und daher von erheblicher gesellschaftlicher Bedeutung."[46] Doch worin besteht nun die Bedeutung der Fachsprache in der Alltagskommunikation? Durch diese Arbeit wird schnell deutlich, dass Fachsprachen schon sehr lange erforscht werden und die Forschung weiter geht. Resümierend kann festgehalten werden, dass die beiden Sprachsysteme Fachsprache und Allgemeinsprache nicht glasklar voneinander abgegrenzt werden können. Die Fachsprachenforscher sind sich einig, dass die Fachsprache ein Teil der Allgemeinsprache ist. Anhand des Begriffes Kraft in Kapitel 2.2 wurde gezeigt, dass Begriffe in beiden Sprachsystemen auftauchen können. Hier spielt bei der Entscheidung für das zutreffende Sprachsystem die sprachliche Wendung eine große Rolle. Allgemein weisen die beiden Register quantitative und qualitative Unterschiede auf. Des Weiteren unterscheiden sie sich durch ihren Grad an Komplexität und Situation Eingebundenheit. Die Fachsprache ist fachbezogen, bezieht sich auf spezifische Sachverhalte und Bereiche und die Allgemeinsprache bezieht sich auf den alltäglichen Bereich.

An dieser Stelle ist festzuhalten, dass der Einfluss der Fachsprache auf die Allgemeinsprache immer weiter zunimmt und Fachwörter bewusst als auch unbewusst in den alltäglichen Sprachgebrauch integriert werden, in Folge zunehmender Technisierung und Globalisierung. Für den Alltag bedeutet das Anwachsen von Fachsprachen und gleichzeitig die zunehmende Anzahl neuer Fachbegriffe, dass das Kommunikationsproblem zwischen Experten und Laien verstärkt wird. In Deutschland gibt es jedoch viele Angebote, die den Zugriff auf fachliche Informationen erleichtern. Die soziale Teilhabe ist vor allen Dingen für das Selbstwertgefühl, die geistige sowie physische Gesundheit sehr wichtig. Kein Mensch darf sich aus der Gesellschaft ausgeschlossen fühlen, nur weil wir in vielen Bereichen des Lebens auf Fachsprache angewiesen sind, aber nicht in jedem Fachbereich Experte sein können. Aufgrund der heutigen Wichtigkeit der Fachsprache für die Alltagskommunikation, sollte Fachsprache nicht direkt mit Experten verbunden werden, denn der Zugriff von Laien auf Fachwissen ist in der heutigen globalisierten Welt unschwer geworden. Auch in den Schulen wird Fachwissen gelehrt und damit muss auch die dazugehörige Fachsprache bewältigt werden.

Die Untersuchung der Experten-Laien Kommunikation im Fachbereich der Medizin zeigt, dass es Dauerkritik an Fachsprache bezüglich der Unverständlichkeit der Laien gibt. Ein entgegenkommender Vorwurf lässt sich nur damit begründen, dass sich Experten weigern ihr Fachwissen verständlich zu vermitteln. Das Nichtverstehen der Laien ist aber noch lange kein Grund für das Kritisieren der Fachsprache, da nun Mal jeder in fast allen Fachgebieten Laie ist. Auch wenn Laien durch die Bildungsexpansion Informationen über viele Fachbereiche verfügen, ist ihr Wissen fragmentarisch. Hier ist die Rolle des Experten in der Kommunikation sehr wichtig, da er dafür verantwortlich ist, das Maximum an Verständlichkeit der

---

[46] Neuland / Schlobinski (2017), S.455

Informationsvermittlung zu erzielen. Bei der näheren Betrachtung der medizinischen Fachsprache stellt sich schlussfolgernd heraus, dass Fachsprache ein wichtiges Kommunikationsmittel ist, eine rasche Informationsvermittlung ermöglicht und die Absenz von Fachsprache daher nicht denkbar ist.

Abschließend sollte betont werden, dass die Folge des Einflusses der Fachsprache auf die Allgemeinsprache die immer stärker werdende Bedeutung der Fachsprache in der Alltagskommunikation ist.

Literaturverzeichnis

Adamzik, Kirsten 2018: Fachsprachen. Die Konstruktion von Welten. 1. Auflage. Tübingen.

Adamzik, Kirsten 2018: Texte, Textsorten. In: Eva Neuland/ Peter Schlobinski (Hg.): Handbuch Sprache in sozialen Gruppen. Berlin / Boston, 149-167.

Busch, Albert 1994: Laienkommunikation. Vertikalitätsuntersuchungen zu medizinischen Experten-Laien.Kommunikation. Band 26. Frankfurt am Main.

Efing, Christian 2014: Berufssprachen & Co.: Berufsrelevante Register in der Fremdsprache. Ein varietätenlinguistischer Zugang zum berufsbezogenen DaF-Unterricht. In: InfoDaF 4/2014 (Themenreihe „Vermittlung von Fachsprachen"), S. 415-441.

Fluck, Hans-Rüdiger 1996: Fachsprachen Einführung und Bibliographie. 5. überarbeitete und erweiterte Auflage. Tübingen. Basel.

Funk, Hermann 2010: Berufsorientierter Deutschunterricht. In: Krumm, Hans-Jürgen; Fandrych, Christian; Hufeisen, Britta; Riemer, Claudia (Hrsg.): Deutsch als Fremd- und Zweitsprache. Ein internationales Handbuch. Berlin: de Gruyter, 1145–1152 (Handbücher zur Sprach- und Kommunikationswissenschaft, HSK 35.2).

Glück, Helmut / Rödel, Michael 2016: Metzler Lexikon Sprache. 5., aktualisierte und überarbeitete Auflage. Stuttgart.

Grünhage-Monetti, Matilde 2010: Expertise: Sprachlicher Bedarf von Personen mit Deutsch als Zweitsprache in Betrieben, URL: http://www.bamf.de/SharedDocs/Anlagen/DE/Publikationen/Expertisen/expertise-sprachlicher-bedarf.pdf, Stand: 2. Juli 2021.

Hoffmann, Lothar 1976/1987: Fachsprachen – Kommunikationsmittel Fachsprache. Eine Einführung. Akademie – Verlag. 3. Auflage. Berlin.

Holland / Josenhans (o. J.): Deutsch Kom (1. 4) . Medien gür Schule und Beruf. Stuttgart. URL: http://www.handwerk-technik.de/_files_media/probeseiten/1080_01.pdf. Stand: 3. August 2021.

Niehaus, Hermann-Josef (1989): Ärztliche Meinungen zur Patientenaufklärung und Informierung durch Massenmeiden. Diss. Münster.

Neumann, Eva / Schlobinski, Peter 2017: Handbuch Sprache in sozialen Gruppen. Band 9. Berlin.

Pridik, Nicola 2017: 7 Dinge, die Sie über Leichte Sprache wissen sollten. URL: https://www.npridik.de/leichte-sprache/. Stand: 14. August 2021.

Rölcke, Thorsten D. 2020: Fachsprachen. 4., neu bearbeitete und wesentlich erweiterte Auflage (Grundlagen der Germanistik). Berlin.

Römer, Christine / Matzke, Brigitte 2020: Der deutsche Wortschatz – Struktur, Regeln und Merkmale. Tübingen.

Sander, Isa-Lou 2020: Seminar Sprach- und Kommunikationswissenschaft (Fachkommunikationsforschung) an der RWTH Aachen. X

Thierbach, Dieter 1988: Medizinische Themen in Tages- und Wochenzeitungen. In: Fischer (169-173). X

Website der Lecturio 2018, Medizinische Terminologie: Die Sprache der Mediziner, URL: https://www.lecturio.de/magazin/medizinische-terminologie/, Stand: 8. Juli 2021

Website gesund-vital.de (o. J.): Ärztedeutsch: Unnötiges Fachchinesisch oder notwendiges Übel?. URL: https://www.gesund-vital.de/aerztedeutsch, Stand: 3. August 2021.

Website des DBSV (o. J.): Gleichbehandlung und Barrierefreiheit. URL: https://www.dbsv.org/ii-gleichbehandlung-und-barrierefreiheit.html, Stand: 14. August 21.

Website rinke.tv (o. J.): Kritik an der Leichten Sprache – 7 Missverständnisse. URL: https://www.rinke.tv/leichte-sprache/kritik-an-der-leichten-sprache-7-missverstaendnisse/, Stand: 14. August 2021.